清凉歌集

作词
弘一大师

作曲
俞绂棠
潘伯英
徐希一
唐学咏
刘质平

中国画报出版社·北京

图书在版编目（CIP）数据

清凉歌集 / 弘一大师著. -- 北京 : 中国画报出版社, 2017.1（2022.11重印）
（弘一大师文集）
ISBN 978-7-5146-1380-3

Ⅰ. ①清… Ⅱ. ①弘… Ⅲ. ①歌曲－中国－现代－选集 Ⅳ. ① J642

中国版本图书馆 CIP 数据核字 (2016) 第 247136 号

清凉歌集　　弘一大师 著

出 版 人：于九涛
特别策划：吴红梅
责任编辑：于九涛 郭翠青
助理编辑：魏姗姗
封面篆章：朱广贺
责任印制：焦　洋
出版发行：中国画报出版社
（中国北京市海淀区车公庄西路 33 号　邮编：100048）
开　　本：32 开（787mm × 1092mm）
印　　张：3.5
字　　数：46 千字
版　　次：2017 年 1 月第 1 版　2022 年 11 月第 2 次印刷
印　　刷：三河市兴国印务有限公司
定　　价：18.00 元
总编室兼传真：010-88417359　版权部：010-88417409
发行部：010-88417360　010-88417417（传真）

目录

出版说明

《清凉歌集》是开明书店1936年初版的。

歌集包括了五首歌曲：《清凉》《山色》《花香》《世梦》《观心》。

这五首歌曲由弘一法师作词，俞绂棠、潘伯英、徐希一、唐学咏、刘质平分别作曲。

1929年，夏丏尊和刘质平一起去拜访弘一法师。他们在饭后清谈之中，偶尔论及当世乐教。刘质平叹息当时作歌者难得，一任靡靡之音的俗曲盛行。弘一法师听后亦以为怃然，便表示再作歌刊行。

1931年9月，弘一法师果然在浙江慈溪白湖金仙寺写成了清凉歌五首。写成之后，法师感到歌词文义略嫌深奥，非常人所能解，就又请芝峰法师代撰歌词的注释。此后，弘一法师把歌词交给刘质平及其学友作曲。据夏丏尊在本书序中称：

> 质平及某学友根据和尚所作歌词，分别谱曲，反复推敲，必得和尚认可而后定。复经上海新华艺术专科学校、浙江宁波中学等处实地演奏，始携稿诣余，谋为刊行。

弘一法师非常关心这部歌集的出版情况。几年内，先后几次写信给有关人等过问《清凉歌集》成书情况。法师对这五首歌曲极为看重。

1936 年 10 月终于由开明书局印行。

1929 年始之酝酿创作到 1936 年刊发历时七年得以面世，书中所选文稿手迹为这几年期间不同时期创作，可见参与创作者的重视与严谨。

出版缘由

弘一法师致刘质平书信

1931 年旧历正月初三日 温州庆福寺

质平居士：

前寄甬函，想已收到。《清凉歌》屏幅已写就，付邮挂号寄上，乞收入。朽人近来精力衰颓，远不如前。不久即拟往远方闭关，息心用功，不问世事。前云《清凉歌》册页，未暇书写，只可作罢。又前属书联对，尚有未写者。今仅以写好之六对奉上。其余也拟不奉上。纸张，即请仁者赠与朽人，亦未能奉还也。诸乞原宥为祷。赠与然庆老法师之联，想已带至白马湖夏宅矣。此达，不宣。

朽人不久即离温州

旧正月三日　　音上

弘一法师致释芝峰书信

1939 年旧历 9 月 4 日 慈溪金山寺

芝峰法师慈鉴：

久别甚念。

音今春以来，疾病缠绵，至今犹未复元。故掩室之事，不得不暂从缓。前日到金山寺访幻法师，籍闻座下近况，至用欣慰。音因刘质平居士谆谆劝请，为撰《清凉歌集》第一辑。歌词五首，附录奉上，乞教正，歌词义深奥，非常人所能了解，须撰浅显之注释，详解其义。音多病，精神衰颓，万难执笔构思。且白话文字，亦非音之所长，拟奉恳座下慈愍，为音代撰歌词注释，至用感祷。兹略陈拙意如下，未审当否？谨录之以备参考。此歌为初中二年以上乃至专科学生所用。彼等罕有素信佛法者，乞准此程度，用白话文撰极浅显之注释，并令此等学生阅之，可以一目了然。注释中或有不得已而用佛学专用名词者，亦乞再以小注解之。注释之法，以拙意悬拟：每首宜先释题目，后释歌词。释题目中，先述题目之大意，后释题目之字义。释歌词中，先述全首歌词大意，次略为分科，后乃解歌词之字义也。（太）虚大师所撰之《三归依歌》，亦乞撰注释，并曲谱寄下，以便宣布，至为感谢。

谨此恳请 顺扣

演音和南 九月四日

芝峰法师（1901—1971），名象贤，浙江温州人。早年出家，受教于宁波观宗寺庙谛闲法师武昌佛学院太虚法师，造诣颇深。其学识为弘一法师所称许。后任闽南佛学院教授并供职于《海潮音》月刊编辑部等。

序

夏丏尊

弘一和尚未出家时，于艺事无所不精，自书法，绘画，音乐，文艺乃至演剧，篆刻，皆卓然有独到处。尝为余言：平生用力于音乐用力最苦，盖乐律与演奏皆非长期炼修无由适度，不若它种艺事之可凭天才也。和尚先后在杭州南京以乐施教者凡十年，迄今全国为音乐教师者十九皆其薪传。所制一曲一歌风行海内，推为名作。入山以后，从前种种胥成梦影。一日，刘生质平偕余往访和尚于山寺，饭罢清谈，偶及当世乐教。质平叹息于作歌者之难得，一任靡靡俗曲流行闾阎，深惜和尚入山之太蚤。和尚亦为怃然，允再作歌若干首付之，余与质平皆惊喜，此七年前事也。七年以来，质平及其学友根据和尚所作歌词，分别谱曲，反复推敲，必得和尚印可而后定。复于上海新华艺术专科学校，浙江宁波中学等处实地演奏。

始携稿诣余，谋为刊行。

作曲者五人——质平——为和尚之弟子，学咏，希一，伯英——为质平之弟子，绂棠——为质平之再传弟子，皆音乐教育界之铮铮者。

歌曲仅五首，乃经音乐界师弟累叶之合作，费七年光阴之试练，亦中国音乐史上之佳话矣。

歌名——清凉，和尚之所命也，和尚俗姓李，名息，字叔同，又字惜霜，浙之平湖人。

二十五年（1936年）八月

此文刊于1936年《清凉歌集》

菲岛再版序

慧庵

优美音乐，可以陶冶性情，导达心灵于至善，此古人所以定为六艺之一乃必修之教育课程也。然靡靡之音，亦将使青年日趋于颓废堕落。是则音乐教材不可不慎为选择也。弘一大师，俗姓李，字叔同，为艺术界先进，音乐造诣尤深。出家后，精持戒律，尽弃居俗所习，屏绝乐事久矣。旋有感于颓废俗曲之风行，应有以纠正之，乃作《清凉》等歌词五音，付其弟子刘质平居士等为之谱曲，刊为一书，曰《清凉歌集》。此二十年前事也。

二年来，菲律宾佛教徒联谊会有精进音乐团之设，规模初具，成绩渐有可观。然适当音乐教材奇缺，致难发展。因广事搜求，辗转自弘公遗物中，得初版《清凉歌集》一册，喜不自胜。征得董居士光垤捐资制版，又承陈君友仁、苏君志祥合印千册，分赠精进音乐团团友，并于海外流通。此一浮沤，冀能为波澜壮阔之音声佛事作一增上缘耳。

己亥秋 于马尼拉信愿寺

刊于 1959 年《清凉歌集》菲律宾再版本

歌词

清凉

词 释弘一

曲 俞绂棠

清凉月，

月到天心，

光明殊皎洁。

今唱清凉歌，

心地光明一笑呵。

清凉风，

凉风解愠，

暑气已无踪。

今唱清凉歌，

热恼消除万物和。

清凉水，

清水一渠，

涤荡诸污秽。

今唱清凉歌，

身心无垢乐如何。

清凉，

清凉，

无上，

究竟真常。

山色

词 释弘一

曲 潘伯英

近观山色苍然青，
其色如蓝。
远观山色郁然翠，
如蓝成靛。
山色非变，
山色如故，
目力有长短。

自近渐远易青为翠，
自远渐近易翠为青。
时常更换。
是由缘会，
幻相现前，
非惟翠幻，
而青亦幻。
是幻，是幻，
万法皆然。

花香

词 释弘一

曲 徐希一

庭中百合花开，
昼有香香淡如；
入夜来香乃烈。
鼻观是一，
何以昼夜浓淡有殊别？

白尽众喧动，

纷纷俗务萦。

目视色，

耳听声，

鼻观之力，

分于耳目丧其灵。

心清闻妙香。

用志不分，

乃凝于神，

古训好参详。

世梦

词 释弘一

曲 唐学咏

却来观世间，
犹如梦中事。
人生自少而壮，
自壮而老，
自老而死。
俄入胞胎，
俄出胞胎，
又入又出无穷已。

生不知来，

死不知去，

蒙蒙然，

冥冥然，

千生万劫不自知，

非真梦欤？

枕上片时春梦中，

行尽江南数千里。

今贪利名，

梯出航海，

岂必枕上尔！

庄生梦蝴蝶，

孔子梦周公，

梦时固是梦，
醒时何非梦？
旷大劫来，
一时一刻皆梦中。

破尽无明，
大觉能仁。

如是乃为梦醒汉，
如是乃名无上尊。

观心

词 释弘一

曲 刘质平

世间学问义理浅，
头绪多，
似易而反难。
出世学问义理深，
线索一，
虽难而似易。

线索为何现前，一念心性应寻觅。

试观心性：
在内欤？
在外欤？
在中间欤？

过去欤？
现在欤？
或未来欤？
长短方圆欤？
赤白青黄欤？
觅心了不可得，
便悟自性真常。
是应直下信入，
未可错下承当。

试观心性：

内外中间，

过去现在未来，

长短方圆，

赤白青黄。

清凉歌集达旨

释芝峰

清凉歌总论

这五首歌，初读起来似乎作者没有设意照着预定的计划来作；但是如果用精密的一首一首有意无意地读着唱着品味着，那整然的秩序好像地球一般不在意地依着自然律的转动着，现在我把这五首先后次第的关系来说明，先总摄一表在此：

第一首——清凉……天际流露………………　平等
第二首——山色……　幻境无宝　清净
第三首——花香……　　　　　　杂染　遗除
第四首——世梦……尘心全妄…………
第五首——观心……悟入真常………………　一如

清 凉

这首用“清凉月”“清凉风”“清凉水”，来表现我们身心与自然界亡人亡我，无物无心，肝胆天地，万有一体的谐融化。

假使我们对于这歌调的意义，全然明白，在那澄潭碧水的幽境，明月清风的当儿，依和谐的韵律，静穆地歌唱着；真是同一世吃苦瓜的人，忽然尝到鲜甜蜂蜜一般，有说不出的精神上的快乐。李白有两句诗：“素心自此得，真趣非外求。”差足以喻此。

凉月清风，澄潭碧水，自然界从来没有对于我们有吝惜心，不过因我们自己的心地被那些好恶爱憎得失的念头所扰乱，虽时常遇到这种境界，也成为熟视无睹了；唯养心有素的人，能体得这真趣。

然这心与物间的境界，乃一时天机流露，稍纵即逝。我们能常常的借着大自然的境界，以触发我们自心的天机，久而久之，不但养成功我们哲理的思想，同时使我们思想清晰，无论去研究什么学问，都收事半功倍之效。因为我们有清晰的思想啊。

山色 花香

这两首一属于视觉方面；一属于嗅觉方面。我们平常的人，以为世上最靠得住的东西，莫过于经自己去实地试验的。例如山的色，花的香，都是我们自己用眼用鼻去看去嗅，当然是实在的东西了。但是试问将我们过去的经验和现在的事实，联贯起来，仔细地想一想，是不是一样完全没有变异？例如这两首歌里，山色近远，与花香浓淡，事实上告诉我们，有很明显的变异。现列表表明它变异于此：

空间	近观山色	……………境同	苍然青	……………其色如蓝	色异——视觉
	远观山色		郁然翠	……………如蓝成靛	
空间	昼有香	……………境同	…………………………香淡如…		香异——嗅觉
	夜有香		…………………………香乃烈…		

这样一观察，就知道我们站在这空间时间界中，从视觉嗅觉所得来的现象，是靠不住的。依此类推，我们的听觉，味觉，触觉以及知觉，各种的现象，都成为不可靠的了。

然而我们知道的这种现象，是不可靠的，不去信任它，那么它也无能为力了，并且可借它来作我们去观察它的实在性，假使这实在性一旦被我们抓住了的时候，那时真所谓“心地光明一笑呵”“热恼消除万物和”“身心无垢乐如何”——见第一首歌的境地了。

抓住这实在性的方法，就是第五首“观心”，现在暂不去说它；我们现在比较上观察起来“近观山色”“花香夜闻”，似可靠些；“远观山色”和“昼闻花香”不大可靠。这二者的差异，由空间、时间、生理、心理——常人心理——所构成“幻境无实”的现象。倘是能够运用第一首歌里所咏的意地去触发；或第五首的观心去体验；虽不离了这时间空间生理各种关系而现起，但不存主观心理，以亡我无染的智慧来照了，这就成为清净无染的境界，而流露其天机，或达到平等一如的妙境了。所以第一表中于“山色”“花香”下分“清净”与“杂染”的两种不同：杂染的，是指主观心所认识的现象；清净的，是指无我心所认的现象，和体达到的真如。——即指宇宙万有，不加以我们主观自我的心，去看它原来真实如此的真相，余处所讲平等一如，或实在性等，皆同指此。

世梦

无论何人，梦是大概都曾做过，而且是常常有的。庄子说："至人无梦"；我们不是至人，所以不能无梦。

我们在日常中所想望而实际上达不到的事情，有时睡去，意识离开这现实世界，独自化装地去排演那无稽的戏剧。在这梦剧中，主角配角以及时代剧场，尽其所有的脚色都有。如古人的《邯郸梦》《高唐梦》，庄生梦化蝴蝶，孔子梦见周公。当在梦中时，因梦引起的悲欢离合的情操，何曾知道这是假的。及其一觉醒来，回思梦境，方知道刚才的事情，全是虚幻；刚才的悲欢，尽是妄心。尤其在那梦剧中的和别人争一时的胜利，结下不解的深仇，闯下滔天的大祸，想起来是多么可笑。假使在梦中知道这是梦啊，决不会干那样蠢事。但在那时候，不会有这样的自觉；不但自己没有这自觉，纵使梦中有一个脚色告诉他——梦的人——"这是梦啊！你不必那样认真吧！"恐怕也不肯相信，直待醒来，方觉全非。

我们在这个世界上，数十年寒暑中，没有认识人生的由来，——即生从什么地方来？死向什么地方去？——宇宙的真相——即万物为什么变现出来？一会儿又消逝了？——这精神和物质没有真正的认识；徒知为这个身体谋生活，为个人的权利荣誉拼命去角逐；这个原因就是没有认识宇宙人生的两大根本。宇宙的普遍性，原是其大无外，其小无内的；人生的永久性，原是上溯无始，下推无终的；合起来讲，平等一如，是其真性。我们亡其大而取其小，舍其长而执其短；用虚妄的尘心，争鸡虫的得失；倘是一旦照澈这真理，回首前尘，那不是同刚才所说的梦境还有两样么！

梦中所现，全无实事，以譬如我们用主观心于宇宙人生中那一种是我，那一种是人，那一种是物，起种种好恶的心，分别那种种的现象，谁知尘心全妄，原来没有实性。佛谓，“是身如梦，为虚妄见”《维摩经》，真是说得不差。所以现在第四首名《世梦》大概是取义于此吧。

观 心

真的，我们想体得宇宙人生平等一如真性，第一就要有下手的方法。例如第一首假大自然界的“凉风”“明月”“澄潭碧水”幽闲的境来触发我们自心的天机，但这种真趣，仍是借着外境来触发；况且这是不能持久的，是稍纵即逝的；除此以外，我们日常目见耳闻都是离开真性很远，都由主观的杂染心和空间时间生理所构成幻像，非是真相。认这幻像为实在，正是同那无知小孩子要到水里去捉明月，镜面上找花影，一样的无知；同那梦中得意的欢乐，和失意的悲伤，一样的愚痴。

但我们从有生以来，就和这主观的杂染心俱来，从未离开过一刹那。虽有时天机流露，并不是这主观的心忘怀了，不过好像守门的犬，疲倦一下，但是还没有睡去。

再进一步来讲，我们生存在这地球上面，将我们渺小的身体来比地球，远不及一只蚂蚁来比一只象；倘是将地球来比我们的心，那真是不及钢笔尖上一点墨水和大海水相比。我们首先要知道我们的心，比任何东西都来得大。

一切一切的东西，在我们心里，如同一片一片的白云，藏在太虚空里一样。这一切的东西，都是我们自心所变幻出来的。因为我们自己不知道自己的心量有这样大，返于这自心所变现的东西，分彼分此，起爱起憎，那是完全受主观心理所支配。

在时间方面讲，我们的心有时间的永久性，是无限的延长。我们的身体和所变现的幻像，就依着这永久性生灭生灭，如同长江的流水，“前水复后水，古今相续流”（李白诗）。然而我们自己不知道自己的心量这样无限，却在这一段一段的波流上，而认为自我，这也是受主观心理所支配。

自我主观的心，祸害既然有这么大，我们有没有方法将这自我主观的心理打破以见到无我非主观的心性无限的广大和无限的延长呢？还是一任那自我的主观心同专制时代暴君一般横行着呢？在我们有觉性的人，自然否认这自我的主观心，以无我非主观的心来认识宇宙人生平等一如的真相。这下手方法是什么？不是别的，就是“观心”。

观心的“观”，即是能观察的智慧；观心的“心”，即是被观察的境地。依第五首歌词来分析能观察与被观察，则如下表：

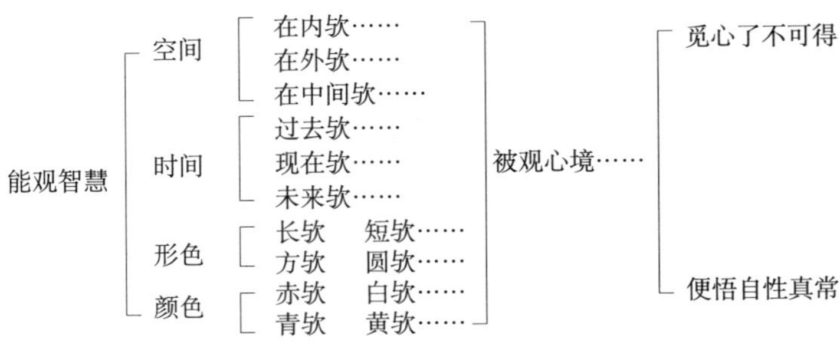

所谓“觅心了不可得”者，即由自我的主观心以达无我的非主观心是。“便悟自性真常”者，即是体验到宇宙人生平等一如的真相是。倘能悟入真常，完全到无我境地；那虽然依旧是用眼去视色，用耳去听声，乃至用心去思想，都和平常人不同了。他是在这大宇宙中独往独来，他并且要将自己所体验得的一切，去唤醒其他的一切人们；他用那无我主观心，去造清净的世界。这样人，可配称全宇宙的完人，显然底完成其人之所以为人，超过其他的动物的真意义了。

照上面一首一首歌词的意义说来，里面所涵的哲理不但深奥而已，且与我们人生非常重要。我们假使没有这样的认识自己，那生活这世上，不是同沙虫一样的可怜无趣么！

先能总了解歌词的意义，然后再来一首一首地歌唱，那真是如饮甘露，如浴春风，有无限地乐意。

歌曲

第一首 清凉

清凉月，

月到天心，

光明殊皎洁。

今唱清凉歌，

心地光明一笑呵！

大自然界的森罗万象，最使我们意地上快乐的，无过于月亮了。它的晶莹雪洁底体质，它的清凉无比底光明。每到了天空净无云翳的当儿，它独自地冉冉离了海角，悠悠地徘徊于天心，用它自己无限的清光，遍照着神秘的宇宙。在那万籁无声中，愈显得它光明的伟大。

它流注它的光明到我们心里来，使我们的心地也完全变成光明皎洁，和他一样；那天空中灿烂的繁星，以及地上耸立着的高山，沉眠了的碧水，凡被他光明所照到的一切一切，都银光四射，和我们的心地上的光明，打成一片：在那时，真分不出星，月，物，我；到了“天地共忘怀”的境地了。真所谓“心地光明一笑呵”的意境了。

清凉风，
凉风解愠，
暑气已无踪。
今唱清凉歌，
热恼消除，
万物和。

在夏天暑气蒸人的时候，我们身体感到的不舒服，影响到精神而成“愠闷”，但有时并不是因暑气使你感觉到愠闷的，这就是由我们自心的“烦恼”。因此，我们读书也不高兴读了，写字也不高兴写了，乃至其他一切的工作，都不愿意作了。在那时，最好一切的工作都停下来，到那清新空气的地方，去消受那“清清泠泠，愈病析酲，发明耳目，宁体便人”《宋玉赋》的微风，我们披襟以当之；无论身心两方面所感觉到愠闷，都和暑气无踪的消逝了。

当正感觉到愠闷的时候，我们对于四周的环境，一切一切的对象，都起了仇视的心理；同时那些对象，也似有意无意的来侮弄我们；但一到“凉风解愠”“热恼消除”的时候，而我们的心境通统都改变过来，似乎换了另一个世界了。所谓：“日落江湖白，潮来天地青”（王维诗）的境界了。觉得与万物共薰沐于清凉风中，成为一团太和，真不容用心于彼此了，哪里还有热恼呢？

清凉水，

清水一渠，

涤荡诸污秽。

今唱清凉歌，

身心无垢乐如何！

我们生活在这世界上，觉得有许多东西，不能刹那没有；否则，我们的生命也就完结了。水也是这中之一。但是我们在这中生长成的，反把它忘记了；如同我们一举一动，都运用我们的思想去指挥，却不知道思想是什么一样可笑。但一遇到身体热燥起来，或太肮脏了的时候，到那清水一渠的澄潭或浴室去，洗了一回澡，把那一切的热恼和污秽，都涤荡得一干二净，那时不但身体无垢染，连心也无垢染了。身体方面的垢染，我们容易知道，因为我们可以看得到；那心里的垢染，是不易知道，因为看不到的缘故——其实，稍一反省，也就知道了，这觉得热恼的“热恼”，便是心里的垢染啊。

有的时候，我们单独心里起了烦燥，而身体方面不觉有什么不舒服，如春和秋爽的天气，那时我们去徜徉那清溪碧水之畔，领略那天然风景，也会涤荡心垢，使你浸入那“人与山俱静，心共水同清”的乐境了。

啊！自然界多么伟大！它给我们的恩惠，真比天都高，比海还深了。它的恩惠品，是清凉风，是清凉月，是清凉水。我们用充满天空的清凉歌声来报答他，我们唱着的清凉歌声，从我们清凉心海里流出来，也和这清凉月、清凉风、清凉水一样的伟大。我们心地有月的皎洁；有风的清凉；有水的温润。

清凉，

清凉，

无上，

究竟真常。

这自然界的“月”“风”“水”，原来本是清凉。在我们心领神会的当儿，使我们身心，使我们所处整个的宇宙，没有不是清凉。

这是大自然神秘现身的幌影，这是我们心地上天机流露的玄君；倘是在这一刹那间能抓住这个，则我们当体即是宇宙的完人，是无上的完人，是究竟的完人。因为我们已经揭开大自然神秘者的面目，已经见到自性真实常住微妙的色身。

第二首 山色

近观山色，
苍然青其色如蓝。
远观山色，
郁然翠如蓝成靛。
山色非变，
山色如故，
目力有长短。

春天到了，宇宙生命之流增加了无限的新生命与无限的力量。他吹着微微的风，使大地上已枯死了的草木受了它新生命的气息，也复活了。伸着腰儿，昂着头儿，悠游这大宇宙中过它安分静默的生活。

看啊，那“山从人面起”（近色）与“槛外低秦岭”（远色）的近山远峰啊！映现在我们的眼帘上，“苍然的青蓝”和“郁然的翠靛”，这是宇宙新生命的化身。

假使有人问我们：“为什么‘近观山色苍然青蓝，远观山色郁然翠靛’？是宇宙化身故弄玄妙的呢？是我们众生看法上差别呢？”

我就不疑惑地答：

“山色非变，山色如故，目力有长短。”

因我们目力的长短，山色为之改变；援此类推，因目力的长短，全宇宙为之改观，也未始不可的呢。

我们再举一个明显的例子吧：常见我们二十岁至二十五岁间的青年，每每逐年增加近视的程度，对于较远的视野，渐渐模糊了；到了四十五岁以后的人，便开始逐渐变为远视，减他青年近视的程度，较远的视野渐渐清晰起来，可是近处的视野，渐渐模糊了。所以同一山色，近观远观，山色变异，自然无疑地是目力的长短。

自近渐远易青为翠，

自远渐近易翠为青，

时常更换。

是由缘会，

幻相现前。

非惟翠幻，

而青亦幻。

是幻，是幻，

万法皆然。

现在我们进一步来说明：这“自近渐远易青为翠，自远渐近易翠为青”，因视野的远近，起青翠的更换，这不过为着我们观者空间位置上改易的关系，视色上遂起变化。但原因不会这样简单。无论其为青为翠的山色，我们试问：它的本身没有更换仅唯视色的更换呢？或者这视色和山色都有更换呢？

近观远观，为青为翠的山色，即是无数的草呀，木呀，由这些这些大的小的植物，一片一片的叶子的绿色的集合起来成为山的青色或翠色。所以要明白山色有没有更换，就要观察这被春风吹活了的草木的绿色有没有更换？

我们读过生物学的人，这个答案是非常容易。草木是有生命的植物，因它是宇宙新生命的化身，所以它有活动。假使我们把几片扩大镜装得和显微镜一样，把那草木的叶子摆在这镜子下面，我们看见那叶子上小绿点，不住的在那里动，并且它能吸收自身的营养料：水呀，日光呀，空气呀；又能排泄那炭酸气。到了春天夏天，荣盛起来，秋天冬天，枯死去了；仔细的观察起来，时时刻刻它自己的本身在那里新陈代谢的变换着。我们明白了山色不但因视野远近变换其视色；山色本身，原是草木一叶一叶绿色的集合团，是假无实的。我们看到为青为翠的山色，只有一叶一叶的绿色近于实在。严格的讲一句：一叶一叶绿色，也只有那一点一点活动的绿色近于实在。然那一点一点的绿色，为我们视野所及的，它与其他各种色调和合起来的："这一点绿色，当不下百六十种色调"——这是植物学家告诉我们的。则我们所看到的那一点绿色，又失其实在性了。假使再分析下去：它的本身已完全失其实在性了，成为“幻境无实”了，所剩下来的，只有能使视色上幻出绿色的彼此各种的关系罢了。草木一叶上的一点绿色，已成为是幻非实；何况那由草木集合所成的山色！何况为我们近观远观为青翠的视色！更成其为幻中之幻了。

刚才说“剩下来的只有能使视色上幻出绿色彼此各种的关系”，这各种关系是指什么东西呢？所谓“是由缘会，幻相现前”。“缘会”，是在佛经里的术语，我们换一个易懂的名辞，就是“关系”。

怎样叫做彼此各种的关系呢？意思是说一件事情发生，有种种的关系总会发生。我们就举我们所观到的山色来讲吧，须具备八个条件，彼此都同时发生了关系，这“山色”才被我们视觉所认识。

一、视觉官完全无损

二、须在合度光线中

三、意识促起视觉集中

四、须有视觉的对象

五、视觉官与所认识对象须隔离有空

六、同时有意识去认识它

七、山色现起与视觉起认识两者未认识未被认识之前，都有他潜在的功能

八、生命之流的宇宙本体是根本的依止

尚有一染净依，现因不易说明，故从略。

以上八个条件，都完备了，都同时发生了关系，这为青为翠的山色，方被我们视觉与意识所认识。假使于八个条件缺了任何一条，都不能现起。再分析这八个条件的本身是什么东西构成的时，那就牵涉到全宇宙一切的一切来说明这一一的条件——也无非由彼此各种关系而已。到这里，我们知道“是由缘会，幻相现前”的意义；同时对于“非唯翠幻，而青亦幻”的意义，也洞然明白了。同时于有生命之流的宇宙本体，因众缘聚会，那各种不同的现象呈变出来；因众缘分散，那各种不同的现象消逝去了。全宇宙万有的生灭，就是这缘会的集合力和缘散的离析力相磨擦，相鼓荡而成的。到了这里，生命的现象，给我们观察出来了，所谓“是幻是幻，万法皆然”了。

第三首 花香

庭中百合花开，

昼有香香淡如，

入夜来香乃烈。

鼻观是一，

何以昼夜浓淡有殊别。

百合花我们大概都看过。它的身儿有两三尺高，它短而阔的叶子似竹的叶子互生着。到了夏天，它开了纯洁的白色花，虽不怎样美丽，平淡朴素，却别有风味。它的根是一种很好的食品。有些爱花的人，把它扶植在庭中。当那花儿开的时节，微微的闻到清香。说也奇怪，我们在白昼里虽然鼻子里闻到香，微淡几近于无，稍不用心去闻，就没有闻到香气了；夜里大家都去睡觉了，天地间一切动作都休息下来成为很寂静的深夜，假使我们静悄悄的去独步中庭，对着天空中炯炯的繁星，或孤悬的明月，鼻子一呼一吸的和宇宙之灵通消息，那时不知道从哪儿来的一阵阵浓烈的清香，扑入鼻门？啊！这原是百合花的香啊。

在这我们就有一疑问了，我们白昼里的鼻子和夜深的鼻子没有更换过，因为我们一个人只有一个鼻子的；庭中的百合花，夜里所闻到的香，也即是白昼的百合花，也没有更换过，为什么在夜里香气这样浓烈？在白昼闻到那样淡？所谓“鼻观是一，何以昼夜浓淡有殊别”呢？

答这个疑问 听下面歌来 ——

白昼众喧动，

纷纷俗务萦。

目视色，

耳听声，

鼻观之力，

分于耳目丧其灵。

这不是别的，就是我们在白昼里事情很多。在环境方面讲——都是喧动，风儿吹着，鸟儿叫着，鸡啼犬吠声，人们谈笑声，乃至一切活动的动作声，千句万句包括作一句讲，在青天白日底下的一切动物，都为营着生活而喧嚣而动作。在我们个人方面讲，为着这样，为着那样，无论其为生活而活动，为活动而活动，总是被这些那些纷纷的事务所包围，所系缚。

这样一来，眼要去辨别各种颜色，耳要去听察各种音声，乃至舌司说话尝味；身司奔走做事；内在的意识正如山阴道上，应接不暇了。我们都知道无论做什么事，都要专心一志去做，那事必定会有很圆满的结果；倘是千头万绪去做，那事必定是一团糟，因为注意力不集中，那种动作就没有多大的力量，对所做的事情及各方面的关系也没有深刻的认识，即依我们现在在昼夜闻香，浓淡殊别，这一点就可证明。

因白昼环境喧动，使鼻观的力量为耳目舌身所分，于被嗅的对象，不能有透体的浸入，浓烈的香气，变为淡如；到了夜深人静，鼻观注意力集中，故嗅到浓烈香气的百合花了。其实呢，百合自百合，香气无浓淡，鼻观有静散，昼夜致殊别。

《庄子·应帝王》篇里有段哲理的故事，很可作“分于耳目丧其灵”的注脚，现在节述在这里。

南海有个皇帝名儵，北海有个皇帝名忽；中央的皇帝名叫浑沌。南帝和北帝时常到中央皇帝这边来游玩，中央皇帝待遇他俩很有礼。所以北帝和南帝都十分感激他，相商量谋报中央皇帝的盛德。结果，他俩费了很多心思，商量一个很好的办法来报效。这是什么办法呢？他俩说：“人皆有七窍，以视听食息，此独无有，尝试凿之。”他俩真的开始来工作了，一天来凿一个窍，这样来七天七个窍都凿好；谁知浑沌皇帝呜呼尚飨了。

这个哲理故事的意义就是说我们人只晓得凭着各种的肉体觉官发展欲望，向物质上求快乐，于内在的灵性，全无修养，伤生失性，无过于此。

心清闻妙香。

用志不分，

乃凝于神，

古训好参详。

假使我们将向外的心息下来，于精神界方面多作一点功夫，那就好了。从前的儒家，如程朱陆王，都主于静的；所谓“半日读书，半日静坐”。庄子说：“用志不分，乃凝于神”。如天文学家泰斗牛顿，见苹果落地，发现地心吸力；这并不是偶然的事，乃是他平常对这问题，时刻没有放松过，这也是牛顿“用志不分，乃凝于神”的结果。

我们果能实践这静的功夫，使心清如水，对于宇宙间一切如幻的现象和种种的事物，都能如实的了解，不被所惑；都能得心应手去做，不会被它所折挫。因为我们有明晰的思想，而精神界已训练成为统一团聚最有力的活动故。

庄子这两句话，真说得透彻真确啊！我们应当好好地来细味详参一番，才知道他所说的是有经验的话，我们再来重颂一篇吧！

用志不分乃凝于神——古训好参详。

第四首 世梦

却来观世间，

犹如梦中事。

人生自少而壮，

自壮而老，

自老而死，

俄入胞胎，

俄出胞胎，

又入又出无穷已。

生不知来，

死不知去，

蒙蒙然冥冥然，

千生万劫不自知，

非真梦欤？

我们已悟“山色”是幻，同时知道宇宙是万有的一个大幻舞台；我们因“花香”昼夜的浓淡，知道要察观宇宙，毫厘不爽，非做一番静密的功夫不可；悟万有是幻，要有静心内照的智慧，体达万法皆空，方见到幻之所以为幻。我们用这智慧来看如幻的世、事，如幻的人生，“自少而壮，自壮而老，自老而死”，一回想起来，真是一场大梦。昔东坡居士，年老休隐，尝负一大瓢，行歌田野间，遇到一位年近七十岁老太婆，向他说：“内翰昔日富贵，一场春梦。”东坡向她点点头，说她话不错。晏殊的词云：“细数人生千万绪，长于春梦几多时？”我们不须老来才觉悟到这人生如梦，我们回想昨天的事，何尝不即是梦呢。所以佛经里说：“却来观世事，犹如梦中事。”

但佛经中所说世梦，意义深远，不是只讲在现在这一生数十寒暑的短短的幻梦。是讲到由我们这一生以前的一生，又前一生，一直溯上去不知其始的一生一生；同时也讲到我们这一生以后的未来一生，又一生，一直数下去不知其终的一生一生。所谓：“俄入胞胎，俄出胞胎，又入又出无穷已。”

那俄入胞胎，俄出胞胎，都形容人生在世，虽有几十年光阴，细想起来，不是长于春梦几多时吗？不是在俄顷之间吗？

倘有人这样问："当梦中的时候，我们果然不知道这是梦；我们醒来时，即知道这是梦了，可见我们梦是暂时的，醒时比梦时自然来得多，怎样说世事人生都是梦呢？"这在愚昧的人们，最易引起这种反问；稍聪明而有觉性的人，决不会有这样的愚问。你不看苏东坡向那老太婆点点头吗？拿真实的意义来说，我们在醒的时候以为是无梦，其实"生不知来，死不知去，蒙蒙然，冥冥然，千生万劫不自知，非真梦欤？"

倘有人自认醒时非梦，那么我们就问他："你既承认你不是梦是醒，现在且问你未生以前你的本来面目是怎样？既然已生在这世间，来时从什么地方来？将来死了，你的面目是否改变？去时到哪儿去？"这人假使不是一个神经病者和其他宗教的迷信徒，必定哑口无言。因为这是解决人生的大问题，没有切实做过功夫，自己没有把握，是不易置答的，在我们平常人，哪里能解答这样大问题。同时可以证明我们的人们，都是生不知来，死不知去，蒙蒙冥冥，不知不识自己的生来死去的本来面目。不但一生如是；徒有生以来都如是。这岂非真是长夜大梦欤？故佛说："却来观世间，犹如梦中事。"这是大觉悟了以后说这醒人迷梦的话，我们稍具觉性的人，闻了这话，真如午夜的钟声。

枕上片时春梦中，
行尽江南数千里。
今贪利名，
梯山航海，
岂必枕上尔。

很可以醒人世梦的，莫过于梦了。我们醒时几十年的事，梦中可以十分钟或数小时了之；且经过一切，俨如亲历其境的梦境了。如我们在梦中游历名山大川，本来要几天或几十天才可以游遍，梦中只要一二十分钟。古词云："枕上片时春梦中，行尽江南数千里。"

《邯郸梦》中的卢生，在梦中经遇五十余年的荣华富贵，实则一顿黄粱饭还未煮熟。《南柯梦》中的淳于棼，梦中作南柯太守二十余年，实则只卧一场。当那梦中时，何曾知是梦，待一醒来，眼底风流，皆归于无何有了。

宇宙人生的真性：时间上讲，无始无终；空间上讲，无外无内；所谓平等一如。我们假使抓住了真性之后，超出尘心，那时正如："高步层霄，俯人间如许。算蜗战多少功名，同蚁众几回今古？"（宋·朱希真词）在枕上梦中固然是梦，在醒时被利牵，为名忙，往返万里不辞远的劳劳世事；以豁破世梦大觉的人来看，岂不是等于我们梦中角逐吗？这尘心全妄，即是所谓"今贪名利，梯山航海，岂必枕上尔"。

庄生梦蝴蝶，

孔子梦周公，

梦时固是梦，

醒时何非梦。

旷大劫来，

一时一刻皆梦中。

梦的原因是很复杂，如我们日里所理想企图其实现而不能的，往往在梦中得之，这也是原因之一。塔提尼是西洋十八世纪的一个音乐家，他努力谱一段乐，但是思想不充畅，他忽然睡着了，见一鬼魔现身出来，拿起四弦琴，奏了一段乐，他醒来的时候，就由记忆中把这段乐写出。这就是我们现在都知道的《鬼魔谱》。就是庄生梦蝴蝶，孔子梦周公，也是这样。庄生的哲理思想，是逍遥。无论为鼠肝，为虫臂，只要适其性不伤其生，就可以了。《庄子·齐物论》有这样的记载：

昔者庄周梦为蝴蝶，栩栩然蝴蝶也：

自喻通志与，不知周也；俄然觉，则蘧蘧然周也。

不知周之梦为蝴蝶欤？蝴蝶之梦为周欤？

庄子的思想原来如此，只要保全真性，为蝴蝶，为庄周，或本来是庄周梦为蝴蝶，和本来是蝴蝶梦为庄周，都是平等齐观。不因作庄周生欢喜心；化蝴蝶生忧恼心。

庄子是中国古今来第一达观者，“梦”与“觉”即醒，他不取分别那是真实，那是假有；言真实都是真实，言假有都是假有；深合佛学“是幻是幻，万法皆然”的道理。他可惜仅知道是幻，不知道即幻见真。

孔子理想模范的人物是周公。他处处学法周公，他只想做到同周公一样。于是他思想正发达的时代，常常梦中见到周公；他到晚年，因思想不十分前进，周公也不大梦见了。他叹惜道：

甚矣吾衰也！

久矣吾不复梦见周公！

在孔子梦见周公时，那当然有无限的欢喜；一觉醒来，原是一梦，不免心中有所悲伤；然常梦见固胜于不梦见，所以他老人家更觉悲伤。孔子是一位道学治世家，他没有庄子那样达观，庄子把梦同觉平等齐观；孔子不然，所以不大梦见周公，就发出长吁短叹的声调来，他不知道“梦时固是梦，醒时何非梦”。

这醒时何非梦，庄子的见解是很透彻，讨论着的，《庄子·齐物论》有段很长的文，现唯节最后二小段在这里：

觉而后知其梦也；且有大觉而后知此大梦也。

丘（孔子名）也与女（同汝）皆梦也；予谓女梦亦梦也；是其言也，其名为“吊诡”，万世之后，而一遇大圣知其解者，是旦暮遇之也。

庄子喜寓古，这本是他自己的思想，他却假托孔子。他说：“且有大觉而后知此其大梦。”什么叫“大梦”？即“俄入胞胎，俄出胞胎，又入又出无穷已”；即“醒时何非梦”的大梦是。“丘也与女皆梦也”即是大梦中未醒的人。“予谓女梦亦梦也”，即是梦中说梦。“是其言也其名为吊诡”，即是宇宙人生的大谜。“万世之后……是旦暮遇之也”，须待乎大梦已醒，真正大觉的人方可以猜破这宇宙人生的大谜。我们是从“旷大劫来，一时一刻皆梦中”的人。

我们非大觉，故不知道这大梦，但不知到了什么时候才成大觉呢？

破尽无明，

大觉能仁。

如是乃为梦醒汉，

如是乃名无上尊。

我们睡去有梦，总不出两种：

一，身体的疲倦所以要睡；二，思想方面的企望太高；都是成梦的原因。

正在梦中的时候，不知道是梦，倘知道是梦，力求反省，用力举自身的四肢以求醒，那也就会醒起来，这是我们常有的事。但我们不知这是梦的居多，在梦中不明白这是梦境，不是实有的，却反执为实有，而起喜怒哀乐，这即是“梦中无明”。进一步讲我们在这生不知来，死不知去，蒙蒙冥冥，贪名争利，生死死生，旷大劫来，何曾知道这是如幻的人生呢。因为这样，在这千生万劫的长夜，做其大梦，以为是实有，这就是“大梦的无明”即与生俱来所谓先天的或本能的。假使我们知道这是大梦，在这长夜无明中力求其醒——就是以智慧来观世间，明白一切的一切，都是缘会幻有，缘散幻灭，不固执为实在。渐渐的明白了宇宙的人生，皆是缘生，是无固定有实自性，因无实有自性，所以一为固执无明的心力所主动的时候，就有了幻现种种的世界（参阅《山色》），醉生梦死的流转着，如梦中由梦的无明幻力所变现梦中种种境界一般。现在用了智慧的心力，见到宇宙人生，无固定自性，原来无始终，无内外的真性。宇宙人生一一现起，皆是这真性的流露，没有哪种是真，哪种是幻；但一起执它是真是幻，那么全盘都错了。现在以锐利的智慧，扫尽一切错觉，这就是“破尽无明，大觉能仁（是大觉必能以己觉而觉人，故称能仁）”。这就是庄子所说“旦暮遇之”的大圣；这就是猜破宇宙人生“吊诡”的大谜；这就是“知此其大梦”的大觉。“如是乃名梦醒汉，如是乃名无上尊。”

这“大觉能仁”，这“梦醒汉”，这“无上尊”，到底是谁？即是距今二千五百余年前降生印度的释迦牟尼佛。他是见到人生本来面目，他是证到宇宙的真相，他当这三个名称毫无惭愧；旁的人恐怕不足以副此。倘是我们也能做到他“无有一法真，无有一法垢”（王维诗）的功夫，我们便是大觉能仁，便是梦醒汉，便是无上尊。但怎样可以做到？最要紧的关键就是看我们心力如何而定。

第五首 观心

世间学问义理浅，
头绪多，
似易而反难。
出世学问义理深，
线索一，
虽难而似易。
线索为何现前，
一念心性应寻觅。

释迦牟尼佛，他是大觉悟者，他是打破世梦体证真常，超出我们平常人以上——即是超出我们这世间以上，所以他是出世间人；我们还未醒世梦，所以我们是世间人。换句话来讲我们被这世网缠缚住不得自由；他是超出世网，得大解脱，得大自在者。

我们这如梦的世间，如幻缘生的宇宙人生，被幻缘所缚，被无明所盲，尽我们所有的知识，不过是时间的片段，空间的残页，见到此不见彼，各人有各人的思想不同，所以各人的宇宙人生观也完全不同，各是其是，各非其非；没有线索可寻，没有系统，没有目的，所谓蒙蒙然，冥冥然，尽其所有的学问，总是逃不出为名利，为数十年生活而学问，谈不到什么高深义理。但因彼此都被狭隘心理阻碍，想将这千头万绪世间上所有的学问学全了，那倒是不容易的事；纵使一件一件都去学，于宇宙人生真相也是隔离很远，这就叫做“人海数沙徒自困”，这真“玩物丧志”了。

出世间学问，也即是释迦牟尼佛的学问。他因为澄彻宇宙人生真相，他的慈悲心非常的大，他发愿将自己所证到的真理，用他巧妙语言说出来，叫我们一一众生，都去做到同他一样功夫。他所说的话，是这片段残页宇宙人生的“总线索”；他用自己锐利的“金针”，将这片段残页的宇宙人生贯穿起来，成整个簇崭全新的新宇宙新人生。因为他是说明整个宇宙人生的真理，所以义理非常深奥，但他只有一枚的金针和一根线索。假使我们照他那样的功夫去做，虽然似觉不易，其实无甚难处。

这根贯穿宇宙人生的总线索是什么？这枚锐利的金针是什么？不是别的，就是我们现在想东想西的“一念心性”，就是宇宙人生总线索。因为我忘了这总线索——即没有见到自己心性是怎样，反向这物质世界上去种种的追求，于是将整个的宇宙人生，变成片段残页的了。我们应用我们自己的智慧，去照彻我们自己的心性；心性一旦被我们抓住的时候，即是片段残页的宇宙人生，成为整个簇崭全新的新宇宙新人生的时候。这寻觅现在一念心性的智慧，即是引线的金针啊。

试观心性在内欤，

在外欤，在中间欤？

过去欤，现在欤，或未来欤？

长短方圆欤？

赤白青黄欤？

我们现在讨论到最后最重要的问题了。我们在第一首《清凉歌》里说过这样的话：“这一刹那间能抓住这个，则我们当体即是宇宙的完人，……见到自性真实常住微妙的色身。”在那是暂时的天机流露，平常人不是常常有的境界，同时也可证明我们的心性原来是遍于宇宙，无始无终，无内无外，宇宙间的一切一切在未证到整个统一的实性以前，所见的不过片段的片段、残页的残页而已。然体得整个统一的实性，非不可能；假使绝对不可见，那么我们所谓在那天机流露与“天地共忘形”的时候，不是整个统一实性刹那的现身吗？况释迦牟尼佛已先我们证到这境界，已代我们找到这总线索，已把这金针度与我们了——即是佛所说觅心性之法。我们就使用这金针，以贯穿我们的宇宙人生吧。

“心”是什么？“性”是什么？心就是我们现在想东想西这一念有知觉而没有形相的东西，常人认为我者。性就是透彻这一念一念与所幻现出来的形相不离形相平等一如的无我真性是。所以心是有生灭的，性是不生灭的。心是依缘会缘散幻起幻灭相续无常的；性是非缘会非缘灭非幻起非幻灭原来如是常如其相的。心的生灭非离开这性的真常。真常的性，由心的幻缘生灭来显。所以性即心的真性，即心的本来面目。我们徒知道这生灭觉知的心；未了这不生灭不离觉知的性；这也是我们最可耻的事。

然此"心性在内欤？在外欤？在中间欤？"是讨论心性必然的疑问。

今依《楞严经》佛与阿难关于此问答的意义，节述于此——

佛： 阿难，你的"心"与"目"现在在哪儿？

阿难： 我的目在我面上，我的心在我身内。

佛： 阿难，你现在坐这讲堂里，观祇陀林在哪儿？

阿难： 世尊！这讲堂在给孤园（佛常说法的地方），那祇陀林在我们坐的讲堂外面。

佛： 阿难，你现在坐这儿，先给你看到的是什么？

阿难： 世尊！我在这儿先看见如来；次观大众；如是外望，方看到堂外的祇陀林。

佛： 阿难，你怎样会见到祇陀林呢？

阿难： 世尊！由这大讲堂的户牖开豁，所以我虽在堂内，也见到堂外面。

佛： 阿难，你不要忘记你刚才说过的话，你说你身在堂内，因户牖的开豁，远瞩祇陀林。也有这样的一个人，他也在这堂内，不见如来，却能够见到祇陀林有没有？

阿难： 世尊！这是没有的事。哪里在讲堂内不见如来，却能见到堂外的祇陀林呢？

佛： 阿难，你就是这样的一个人。你说你的心灵，一切明了。假使你的心真在你的身内，你应当先见你自己身中的心，肝，脾，胃，爪生，发长，筋转，脉摇，都见到；然后见到外面。你自己身内的东西没有看到，怎样能看到外面呢？所以你说的心住在身内，是不对的！

阿难： 世尊！我听你刚才的法音，我知道心实居身外。怎样呢？譬如室内的灯，光照室内；从其室门，方照到室外。我们既不见身内的东西，独见身外的东西；正如灯光居在室外，不能照室内一样。这大概是不错吧?

佛： 阿难，刚才同我在城里乞食回来的比丘，他一个人吃饭，大家都会饱了吗？

阿难：不，世尊！诸乞食比丘，虽然同证了阿罗汉（已体得万法无我者）；但是身体不同，怎样一人吃饭大家都饱呢?

佛： 阿难，你说心在身外，那个比丘吃饭，正是在大家身外吃，所以大家都应饱。你既不承认一人吃饭大家饱，心在身外的道理，同时不能成立。

阿难：世尊！你讲不见内故，心不在身内；身心相知不相离故，不居身外；那么我知在有一个地方了。

佛： 在哪儿?

阿难：我想潜伏在根里。犹如有人，戴了一副水晶的眼镜，合在他两眼上，但他依旧可以看东西；他的眼看见什么，他的心就可以去认识。所以我觉得这心不见内者，因为在根故；见到外面没有障碍者，潜伏根内故。

佛： 阿难，当那戴眼镜的人，他看见山川风物的时候，也看到自己的眼镜没有？

阿难：世尊！这人实在见到自己所戴的眼镜咧。

佛： 阿难，你的心既同眼镜相合，见到山川风物的时候，为什么见不到你自己的眼根？既不见眼，你说心潜伏在根内，这道理也不能成立。

由上面看来，这个心不在内，不在外，也不在中间了。这是依空间来说明心非空间所能限局的。

然这心性“过去欤？现在欤？或未来欤？”倘有些人认时间是有实在性，那么他把这心也嵌入这“过”“现”“未”三个模型里了。其实所谓“过去”者，如去年，前个月，昨天，前一点钟，乃至前一分一秒一刹那，皆名过去。我们所以立过去的名者，因为有“现在”有“未来”，假使真的时间是有过去者，那么在过去时间中即应有现在未来了？再进一步讲，那过去既根本不能成立，反转来所谓有“现在”“未来”者，因有过去成立。过去即无，现在未来都无。故时间上，即无过去、现在、未来的实体。不过由我们平常人思想上，硬将它分割，实际上无有体性。我们的心性，自然不会陷入那兔角制成的一个模型中。这叫作过去心不可得；现在心不可得；未来心不可得。

再讲我们视觉上所认识到的“长短方圆”的各种形式，是我们的心性吧？但那长的短的方的圆的有形相有质疑而没有知觉。现在生理学家说知觉发自大脑中枢神经，而密布于身体全部，所以外面刺激来时，神经即感受之以传诸脑，使于脑中起种种的知觉。而这神经可以见到其形相。但是我们一反问，无知觉的物质，怎样会起有知觉的活动？且各种神经的原素，在科学上认为可以由人力制造；那么科学能不能用人工来制造人？或有知觉其他的动物？这科学家是不敢承认的。可见中枢神经，不过我们心灵知觉所执持为己体，而发生种种的活动；倘心灵知觉一旦不执为己体，而舍离的时候，这身体各种的神经，都停止其活动，顿时变成死的东西了。故有知觉的心灵，非无知觉的长短方圆有形色可见的东西。

然这心是"赤白青黄欤"？青等原来集合很多的色调成功为它一种的色调，同时也不离于物质。长短方圆的形色既非是心；赤白青黄的显色，自然不是心了。

由内外中间的空间来观察这心，而心不可得；再用过去现在未来时间来观察这心，而心也不可得；再用长等形色，青等显色，来观察这心，这心都不可得。

但是事实告诉我们在身体方面所起的知觉；和身体外部宇宙间各种形色显色以及各种声香味触等所引起的知觉；再和上面刚才讲过的宇宙万有都是我们自心所变现的东西，这心性是贯穿宇宙万有的线索；而这心性，必不是空中楼阁，完全是没有的。

要知道我们身体方面所起的各种知觉，和身体外色声香味触所引起的知觉，以及自心所变现的宇宙万有，这都是由各种的缘会而现起。假使我们把这所现起的缘，一一还他缘的自身，则我们觉知之心性，不是超越时间，超越空间，浑同太虚，肝胆万有吗？

觅心了不可得，

便悟自性真常。

是应直下信入！

未可错下承当！

把这觉知的心性所觉知到的一切：在内的还他在内；在外的还他在外；在中间的还他在中间，乃至长短方圆，青黄赤白，一切的一切，都不迷执为我，或我所有的东西，而一一还他自身，所谓万缘放下，而见到万法皆空，由这空所显的于内，于外，于中间，乃至长短方圆，青黄赤白，宇宙万有的事物上，都平等一如。而此不生不灭的真性，完全显露。所谓“觅心了不可得，便悟自性真常”。

体达万有，体达真性，到了这种境界正是“炉火纯青”的时候。正是悟入真常。在这儿正是纵把我们自己的身心，粉碎为微尘，遍散于十方世界，也所甘心；万不可犹豫地而不前。所谓“是应直下信入！未可错下承当！”

试观心性，内，外，中间；

过去，现在，未来；

长，短，方，圆；

赤，白，青，黄。

体达到心性，既无始终，无内外，却来观这身内身外，这过去现在未来，这色声香味触，这长短方圆，这赤白青黄，这宇宙间的一切一切的对境，莫不是自己真心妙性中的东西。所以见到这“内，外，中间；过去，现在，未来；长，短，方，圆；赤，白，青，黄。”即是见到自己真心妙性的全体。到那时，正所谓“无有一法真，无有一法垢”了。同李白所说“阳春召我以烟景，大块假我以文章”了。将自己本身普遍移进对境之中；同时又将对境这东西，消融在自己里；绝去了物我自他之域，真是浑融冥合了心境。以这样的心境，来观察宇宙间一切，虽是一草一木，乃至最零碎破残的事物，都可以见到无限了。禅宗说“风吹百草头，即是西来意”，也就是指这种心境而言。

世界诗人勃来克，有这样的话，录下来以殿这篇——

一粒沙中见世界，
一朵野花里见天，
握住无限在你的手掌中，
而永劫则在一瞬。

补记

释芝峰

这篇《达旨》的草稿，大约是民国二十年秋天写成。当时承弘一法师的嘱咐，把他的歌语里所含蓄的意义解释出来，我就大胆地写成寄给他。那时他住在慈溪金仙寺，我在闽南佛学院。岁月蹉跎，忽忽过了三年。今秋我住宁波延庆寺，刘质平居士过访，谓《清凉歌谱》已就，并将我述的《达旨》一并付印。我索原稿一阅，惘惘如同隔世，中间稍有错脱者，略为改添，所谓以音声而作佛事，于化法不无少补。

二十三年冬日 芝峰补记于南湖止止斋

刊于一九三六年《清凉歌集》

作曲　刘质平

清涼

釋弘一作歌
俞紱棠作曲
adagio
p
cresc.
mf
清涼月 月到天心光明殊皎潔
清涼風 涼風解慍暑氣已無蹤
清涼水 清水一渠滌蕩諸污穢
p cresc.
dim.
今唱清涼歌 心地光明一笑呵
今唱清涼歌 熱惱消除萬物和
今唱清涼歌 身心無垢樂如
1. 2.

3.
f ten
ten
dim.
何 清 涼 清 涼 無 上 究 竟 真 常
pp
pp
mp

山色

羅致一作歌
黃伯英作曲
moderato
mp
ped
mf
mp ped
近觀山色蒼然青
H
RH
LH
mf
ped
mp
其色如藍
遠觀山色鬱然翠

f
如藍成靛
山色非變
mf
山色如故目力杰長短
p
dim.
自近漸遠易青爲翠自遠漸近易翠爲青時

mf
常 更 換 是
f
mf
由 緣會 幻 相 現前 非 唯 翠幻 而 青 亦幻 是
f
幻 是 幻 LH 萬 法 皆 然
pp LH
pp
f
ped * ped * ped *

花香
釋弘一作歌
徐希一作曲
Moderato
mp
ped
ped
8va
p dolce
mf cresc
dim
庭中百合花開 盡有香 香淡如入夜來
mf cresc
dim

mf
香乃烈
鼻觀是一
cresc
f
mf
何以晝夜濃淡有殊別
紛紛俗務縈
目視色
耳聽聲
鼻觀之力
p

分於耳目 喪 其靈
cresc
dim
心 清聞 妙 香
8va
p
pp
f
用 志不 分 乃 凝於神 古訓好 參 詳
f
dim

世夢
釋弘一作歌
唐學詠作曲
andante
8
legato pp
accel
Ped
*
Sostenuto
却來觀世間 猶如夢中事
rit
人生 自少而壯 自壯而老 自老而 死 俄入胞
Cresc
p

胎 餓出 胞胎 又入又出無 窮 已
生 不知來 死 不知去 蒙蒙 然 冥冥 然 千 生萬劫不自知
非 眞 夢 歟 枕 上片 時 春 夢中
rit
mf legato
rit

行 盡江南 數 千里 今貪名利 梯山航海
豈 必枕上 爾 莊 生夢蝴 蝶
孔 子夢周 公 夢 時固是夢 醒來何非 夢

擴大胡來一時一刻皆夢中破盡
a tempo
無明大覺能仁如是乃爲
夢醒漢如是乃名無上尊
8
8
ppp

觀心

釋弘一作歌
劉質平作曲
andante
mp
cresc
dolce
p
f
mf
世間學問義理淺頭緒多似易而反難出世

f
學問義理深 線索一羅 難而似易 線
cresc
dim
f
mf
索 爲 何 現前一念心 性應尋 覓 試
dim
mf
mf
觀 心 性 在內歟 在外
p
mf

dim
歟 在 中間 歟 過去 歟 現在 歟 或
mf
未來歟 長 短 方圓 歟 赤 白青黃
mp
歟 覓心 了 不 可 得 便悟 自 性 真 常 是應
cresc
mf

mf
直下信入未可錯下承當試觀心性
mf
p
f
內外中間過去現在未
f
dim
來長短方圓赤白青黃
dim

觀心

釋弘一作歌
劉質平作曲
唐學詠和聲

覺 試 觀 心 性
覺 試 觀 心 性 出世 學問義理 深 線索.
覺 試 觀 心 性 出世 學問義理 深 線索
覺 試 觀 心 性 出世 學問義理 深 線索
在內 歟 在外 歟 在 中間 歟
一 在內 歟 在外 歟 在 中間 歟 pp 在 中間
一 在內 歟 在外 歟 在 中間 歟 在 pp 中間
一 在內 歟 在外 歟 在 中間 歟 mf 在 中間
過去 歟 現在 歟 或 未來 歟
歟 過去 歟 現在 歟 或 未來 歟 pp 或 未來
歟 過去 歟 現在 歟 或 未來 歟 pp 或 未來
歟 過去 歟 現在 歟 或 未來 歟 mf 或 未來

長 短方圓 赤 白青黃
長 短方圓 赤 白青黃 覓心
長 短方圓 赤 白青黃
長 短方圓 赤 白青黃 覓心
覓心 了不可 得 便悟 自性眞 常 是應
覓心 覓心 了不可 得 便悟 自性眞 常 是應
覓心 了不可 得 便悟 自性眞 常 是應
覓心 覓心 了不可 得 便悟 自性眞 常 是應
直下信 入 未可 錯下承 當 試 觀 心
直下信 入 未可 錯下承 當 試 觀 心
直下信 入 未可 錯下承 當 試 觀 心
直下信 入 未可 錯下承 當 試 觀 心

性 內 外 中
性 出世 學問義理 深 線索 一 內 外 中
性 出世 學問義理 深 線索 一 內 外 中
性 出世 學問義理 深 線索 一 內 外 中
間 過 去 現 在 未 來 長 短 方
間 過 去 現 在 未 來 長 短 方
間 過 去 現 在 未 來 長 短 方
間 過 去 現 在 未 來 長 短 方
圓 赤 白 青 黃
圓 赤 白 青 黃
圓 赤 白 青 黃
圓 赤 白 青 黃

手书 清凉歌集

清涼

清涼月月到天心光明殊皎潔今唱清
涼歌心地光明一笑呵清涼風涼風解
慍暑氣已無蹤今唱清涼歌熱惱消除
万物和清涼水清水一渠滌蕩諸污穢
今唱清涼歌身心無垢樂如何清涼清
涼無上究竟真常

清涼

山色

近觀山色蒼然青其色如藍遠觀山色鬱然翠如藍成靛山色非變山色如故目力有長短自近漸遠易青為翠自遠漸近易翠為青時常更換是由緣會幻相現前非惟翠幻而青亦幻是幻是幻萬法皆然

山色

依明蓮池大師竹窗隨筆中山色文 微錄

花香

庭中百合花開晝有香々淺如入夜來
香乃到鼻觀是一何以晝夜濃淺有殊
別白晝衆喧動紛々俗務蒙目視色耳
聽聲鼻觀之力分於耳目喪其靈心清
聞妙香用志不分乃凝於神古訓好參
詳 花香

依明蓮池大師竹窗隨
筆中花香文敬錄

卻来觀世间猶如夢中事人生自
少而壯自壯而老自老而死俄入
胞胎俄出胞胎又入又出無窮已
生不知来死不知去蒙々然冥々
然千生万劫不自知非真夢欤枕
上片時春夢中行盡江南數千里

世梦

今貪利名梯山航海豈必枕上爾
莊生夢蝴蝶孔子夢周公夢時固
是夢醒時何非夢曠大劫來一時
一刻皆夢中破盡無明大覺能仁
如是乃為夢醒漢如是乃名無上
尊

世夢

依明蓮池大師竹窗三筆中世夢文徵錄

观心

世間學問義理淺頭緒多似
易而反難出世學問義理深
線索一雖難而似易線索為

何現前一念心性應尋覓試
觀心性在內歟在外歟在中
間歟過去歟現在歟或未來

欤長短方圓欤赤白青黃欤覓心了不可得便悟自性真常是應直下信入未可錯下承當試觀心性内外中间過去現在未来長短方圓赤白青黃

觀心

依明蕅益大師靈峯宗論中法語綴錄